De los peces la sed

Pandora Lobo Estepario Productions™

De los peces la sed

Silvia Goldman

Primera Edición

ISBN-10: 1-940856-35-3

ISBN-13: 978-1-940856-35-3

Library of Congress Control Number: 2018953194

Algún día encontraré una palabra...
Y no se detendrá ni cuando mueras.
Roberto Juarroz

De los peces la sed es un río, una caída profunda al
desasosiego del ser y un sobrevuelo a su levedad, es
ahondarnos en las aguas de la poesía vertical de Silvia
Goldman que ondula girando por las orillas del
lenguaje y que por ello es un cuestionamiento de la
expresión poética misma. En un primer encuentro, la
voz lírica nos lleva al hallazgo de la palabra en cruce
con el habla lúdica de la infancia, —la que esconde un
bestiario de conejos, peces, perros, pájaros, con su olor
a leche rancia o flor—. Nos lleva también a un *hablar*
signado por sus obstinadas preguntas irreverentes que
deshacen o invierten la propuesta semántica de las
palabras, redescubriéndonos en clave de imagen
surrealista, de mito clásico, de diálogo, o de humor
negro, el habla cotidiana, coloquial; y así con todo ello
poder *hablar* de los oficios de la muerte y del amor, de
ese "nocturno del hueco" que es también el
desmesurado amor materno. Ese amor que evoca a su
vez el dolor de la ausencia de la madre, la propia, la del
hablante lírico como la que muere en un campo de
concentración porque "death does not do exchanges
(Eli dixit)". En la búsqueda del equilibrio entre lo más
profundo y lo más alto al que apunta la voz poética,
giramos entre la ternura, el trauma, el grito que hiere, el
miedo, el llanto en soledad y la gran carcajada que
invita al silencio y al pensamiento de orden ontológico;

reflexiones con las que se asedian también la identidad, el cuerpo, la sed. Y como río, en estas aguas fluye también la sed en las voces de otros poetas que reconocemos o descubrimos por sus vanguardismos o la contemporaneidad de su quehacer poético, voces como las de César Vallejo, Paul Celan, Berta García Faet y Audre Lorde, entre otras. Al final, como dice la misma poeta, "la poesía es llegar a la palabra cuando uno se va de ella. Es todo lo que nace de esa huida. Supone un proceso de extrañamiento. Exige un desaprendizaje, un olvido y un niño" (*Contratiempo*) Solo así podemos escuchar *lo partido en cada sílaba*, descubrir una *forma de estar inclinados* al *abismo* y *hablar en el idioma de los muertos,* porque *no hay lenguaje en soledad.*

Sarli E. Mercado, Ph.D.
UW, Madison

Unas palabras de la autora

¿Cuáles son las palabras que aún no tenés?, ¿de qué tenés miedo?, preguntaba la poeta y activista Audre Lorde. Este libro se hace estas preguntas, trata de buscar esas palabras aún no dadas porque con ellas, acaso, se superen las formas heredadas del silencio. Desde la palabra y sus conflictos, desde los peces y, acaso, su prolongación en el cielo –los pájaros–, desde el agua y el aire del poema, las palabras que aún no se tienen van naciendo a través de desplazamientos sonoros que llevan el poema hacia su imposible orilla. La genealogía madre-padre-hijos también se desplaza hacia delante y hacia atrás, hacia un pasado y un presente que se superponen, se confunden, se redimen. Y si este libro da cuenta de una sed acaso irónica es porque cree en la capacidad de la palabra para hablar de lo conflictivo y también de lo absurdo. Porque este libro sabe eso, que también los peces pueden tener sed, que la abundancia puede ser una forma sostenida y extrema de la ausencia. Y ese hallazgo, ese título, da cuenta de una búsqueda por la voz, por las voces que aún no se tienen pero están, esas yeguas dormidas de la infancia que se acercan al poema para que éste les ofrezca su pasto, su agua.

Para Eli y Ana Luz

I

yo me tomo tu sed

nocturno del hueco

dame tu mano congelada
tu frío horizontal quebrándose
la puerta donde dejamos los conejos
dame tu mano congelada y tu leche rancia
tu leche rancia en tu mano congelada
no, mejor no me la des
volvamos donde los conejos
tiremos la puerta
quebremos su paz
recordemos
cantemos
cantémosles a ellos
sobre ellos
trepados a su miedo
tapando nuestros miedos
pidámosles perdón
perdonemos
perdonémonos
¿me perdonás?
te perdono

"yo me tomo tu sed" dijiste un día
eras tan chiquito que en tus dientes había pesadillas
y ellas crecían
"yo me tomo tu sed" dijiste un día
mientras yo juntaba esos dientes y los llevaba de paseo
eran perros
yo los sujetaba pero ellos mordían
hacían cavidades en mis mejillas y luego corrían
yo los seguía pero solo llegaba a tocarles el ladrido

anotaba su sed
hasta que vos llegabas con el agua
pero en mi boca no había puertas
¿te referías a mi sed
a esa hambre de madre de la hija sin madre?
¿cuánto dura una madre?
¿cuánto dura una madre con hambre?
¿qué le pasa a la boca cuando le falta una madre?
¿se seca o se desplaza hacia su hambre?

Yo me tomo tu sed puede decirle un hijo a su madre
¿qué sed?
¿de quién la sed?
como si mi leche no fuera suficiente
como si mi leche no fuera
¿es mi leche?
¿es suficiente?
¿es mía?
¿la querés?
¿la tomás o te recordás tomándola?
¿cómo se llega a los bordes de la infancia?
¿qué bote, qué pies, qué tren nos desplazan?
¿qué luz qué voz qué animal se queda afuera
para que podamos habitarla?

Cuando me dijiste "mami, a veces la voz se va *hunting*"
fue tu forma de encontrar las palabras que yo buscaba en silencio
tu forma de decirme que ahora podía bajar los brazos
que solo estábamos vos y yo
tu voz y mi voz
sin la manada
que podíamos tirarnos abrazados
esperá haceme un hueco en el nocturno de tu pecho

dame tu mano y
el agua en la que mueren los conejos
¿los oís?
¿los oís caer de espaldas en el agua?
¿oís el deseo de su huida hacia el bosque?
menos la huida, menos el bosque
solo ese ruido del agua en movimiento
y el hueco mudo en su elefante
como un niño en la lluvia todavía
y su hermosura suficiente para el tiempo
¿cuánto dura un niño?
¿cuánto dura un niño en un poema?
¿cuánto dura el niño que cae en el agua de este poema con hambre?

manos de hambre

no hay dónde atracar las naves
sino en el tumulto de tus bracitos
allí donde bajan las palabras y la siesta se extiende
como una orilla:
y tu cabecita
esa correntada con autos y peces a los lados
ese río de preguntas
"¿mami
a veces la voz se va *hunting*?"
y te quedás mirando cómo entra al bosque siguiendo una pelota
con el cuidado de no mostrarnos su ternura
los leones que la ven ya masticando
el susto porque acecha la barbarie
¿te acordás?
      El grito que atajaron nuestras manos
¿te acordás?
      el ciervo que crujía en nuestros labios

      el autito amarillo que se fue por la alcantarilla

hoy no decimos el recuerdo
lo ponemos al lado de la ventanilla
lo miramos de reojo y esperamos
a que pase una manada de elefantes

te miro para descansar

hoy cuando te observaba
no estaba quieta absorbiendo
la ternura de tus gestos
su entusiasmo
yo buscaba un lugar para descansar
y cuando te acercaste con el balde en la mejilla
yo los puse a jugar acá en mi mano
pero no podía dejar que tocaras mi cansancio
entonces traje una pala y lo aparté
y sin querer se me cayó el balde
y toda esa agua sin huésped se agitó
como un animal que se enfría en los ojos
se volteaba y nos volteaba porque para hacer con la piel una llama
hay que girar los cuerpos hacia el eje
en que quedan fijos pero ciertos de la mano
y esperar a que hagan el futuro de la llama
con el agua que ella junta en el pasado
¿todavía estamos ahí?
¿nos ves?
somos un solo río entre tus ojos
donde perdemos la madre y los pelos que tiene su memoria
¿me sentís?
¿qué pesa más mis ojos o mis piernas?
¿el miedo de mi cuerpo al caminarte
o el de mis piernas que no caminaron a su lado?
me lo podrías haber dicho
que se puede llegar a la palabra "alivio" cuando se quema la
    casa en lo vivido
que hay una dicha hosca en las costras que deja el
    desamparo
que se la puede ver

cuando decimos casa y es suficiente decir casa
pero vos solo me decías
"todo lo que tengo es lo que no tengo"
podrías haberme dicho
que a veces somos un secreto
cuyas paredes se nos caen en la conversación
o que a veces a la conversación le pesa
este poema que solo pasa en tu cabeza
que también conoce
pelos, ganas de irse, pájaros
podrías haberme dicho
que a veces no te gusta la oscuridad de mis ojos
que a veces tenés el sueño equivocado
el cielo equivocado
no me dijiste
que fuiste a visitar el lugar donde te habías muerto
y no estabas vos esperándote en el lugar donde te habías muerto
y no estaba yo esperándote en el lugar donde te habías muerto
no me dijiste
"el perdón es peligroso si no se extienden los brazos"
no me dijiste
"la voz puede atravesar un muro que estaba ahí para algo"

la memoria

y parece que pasaran el hilo de la voz
subiéndose a la cama como hormigas
ahogándose en el caldo de las sábanas

parece que pescaran una molestia
el andar flojo de un nosotros
jalando nuestras risas
el cuidado mayor hay que tenerlo
en sus piernas cuando amansan el oleaje
en su manera de olvidarse
meterse en nuestros pies
y desovar en ellos su tristeza

pero esto no es una mano
ni estos son unos pies
esto es un niño
que se trepa en mi cama
y deja en la suya
aún tibia
la épica batalla
los huesos moviéndose
de su pesadilla

death does not do exchanges (Eli dixit)

death does not do exchanges me decís
hablás de Eurídice y Orfeo
de trueques que se intercambian cuando la oreja
baja al amparo de una canción
death does not do exchanges
tampoco en la lucidez
ni en la inquietud
ese intervalo en que el encuentro
se mide en el pozo de los ojos
y en las caras colgadas de su aire
me decís que en los ojos vivos de Orfeo
quedaron atrapados los ojos muertos de Eurídice
y que en los ojos muertos de Eurídice todavía corre Orfeo vivo
y que en sus ojos está Eurídice mirándolo fijo a él
y a sus propios ojos que corren dentro de él
y que era imposible pedirle al que miraba
que no mirase el mirar en su mirada
porque no era ése un intercambio en que los ojos
entraban y sin quererlo se encontraban
sino un volver hacia uno mismo el cuerpo ajeno
sino un volver ajeno, uno, al mismo cuerpo
y que esa distancia que va del índice de Orfeo
al talón extendido de Eurídice
no es el vacío que va de uno hacia el otro
sino el propio vacío de uno prolongado en su otro
en uno en el que un otro está corriendo
alcanzándose a sí mismo
y a dos que en uno están muriendo

en una piel una niña

la piel es un baile que ojalá conozca la niña
ese baile que es la piel hace a la niña solo para conocerla
a la niña hecha le gusta bailar en la piel como si fuera otra piel
deshecha
entonces da vueltas
gira de puntitas
busca equilibrar el cielo
con la yema de los dedos
lo toma como si tomara una flor
la niña hecha nunca tomará la flor si no conoce a la niña
que se deshace en su piel solo para conocerla

en otro canto

ven a mí
y sabiendo que la mañana arrulla con su costado luminoso
recuéstate en ella espalda con espalda
siente sus dedos hundirse en los pezones de tu madre
-esos dos labios cuyos besos demuelen la roca y el asfalto-
te leeré su cuento
cuando ella cruce de noche en el poema
y su espalda se doble para que la acaricies
la soledad que encuentres ponla adentro de la mañana
envuélvela como a un recién nacido
hay una ollita de leche hirviendo en otro canto
yo te la llevaré en la tarde
para que se la alcances
y si tu hermano vuelve con su taza vacía
llénasela
él también arrulló esa soledad
en otra tarde

cuatro hipótesis inútiles para asediar la identidad

1
¿y si la inmortalidad fuera solo una luz que espera
un momento para deformar el río
una pausa en el resplandor
que la madre lleva
esa agua quieta en la mano
y la cara de una niña
a punto de saciarse?

2
¿y si el lenguaje fuera solo desasosiego del cuerpo,
la forma hablada en que la mano
rechaza la utilidad de su brazo?
ayer no supimos qué hacer con nuestros cuerpos
con su utilidad promiscua
una cama es un tiempo para hablarnos
"no me sueltes" dijiste
como repito yo
cuando acariciás mi vientre
ese tren dudoso que para en las montañas
buscando pasajeros

3
¿y si lenguaje fuera bajar por ese río deformado
con la niña adentro
Y si en ese río reposara no su cara
sino su sed
el desasosiego de la boca cuando mira
y su utilidad se confundiera con el agua
y no hubiera rechazo
y si sistemática la mano se posara en el vientre

y del otro lado se confundiera esa mano
con la pausa que hay en la quietud del abrazo
y si entonces te confundieras vos conmigo
quién sería yo en este poema?

4
¿y si el lenguaje no fuera sino el simulacro de esta pregunta
esta nostalgia que crece entre nosotros como un vientre?

manual de instrucciones para ser mamá

¿Escuchas el silencio histriónico de la palabra harpa?
¿Escuchas el silencio histriónico de todas las palabras?
¿Escuchas el silencio histriónico del imperativo
abrázame y, verbalizándolo, me abrazas?
(Berta García Faet)

lo primero que tenés que saber es que no sirve de nada este manual
pero seguí leyendo para proteger tu identidad, la de antes,
la que no pensaba en zapallos hervidos, baños con patitos,
    jabones de colores
y frases celebratorias
de esas que has visto emanar de tu boca -chorros cursis y confianzudos
como de manantial
lo segundo es que vas a perder tu nombre
y que, depende de tu reacción ante ciertas situaciones, vas a
    ganar un vocativo amontonado y montañoso
    —¿sentís un pinchazo ante el olor de un perfume verde?
    —¿te bajás de las palabras cuando pesan en la sintaxis?
    -¿hacés la cama cuando escuchás la palabra hamaca?
    -¿sos leal a los enunciados en forma particular o general?
si la respuesta es afirmativa a éstas y otras preguntas
estarás dispuesta a asumir un nombre genérico y perder el
    que estuvo con vos en todo lo que hiciste hasta hoy
incluso los hijos:
ma, mami, mamma, madre, mother, mom, muti, mai, ima
y te vas a preguntar lo que hace la m por todos lados
y vas a pensar que si se tratara de un pictograma la m sería
    un par de tetas
y que si fuera parte de un ideograma sería un par de tetas
    hinchándose-deshinchándose
subiendo-bajando una montaña

y vas a pensar en Sísifo
en su tarea inútil e infinita
la tuya te va a parecer útil pero también infinita
te hinchás
te duele
te succionan
te duele más
te succionan
te deshinchás
no te duele más
te hinchás
te duele más
te succionan
te deshinchás
ya duele menos pero sabés que va a doler más
no sos ya tu nombre particular sos
lo que le pasa al cuerpo al amamantar
una secuencia de volumen y dolor
blanda
oscilante en los bordes
sos lo que se agranda lo que se achica
lo que cambia para que otro cuerpo crezca
lo tercero que tenés que saber y que no te vas a animar a
    decir en voz alta
es que no tenés obligación de amamantar
escuchá esto en la voz chica que aparece en el posparto
pero es difícil escucharla si tus oídos no están entrenados
lo cuarto que tenés que saber es que tu hijo hija hijos te van a
    enseñar las partes
más difíciles y las más fáciles del amor
aquellas donde se curva donde se tranca
donde quedás atascada mirando el borde de un precipicio
    sin saber si seguir

hacia la cima que supo alcanzar tantas veces Sísifo
o si mejor dar la vuelta y bajar
pero con el miedo de no saber si algo te va a interceptar
una piedra, por ejemplo, que caiga justo sobre tu nuca
cuando vos estás dando la vuelta y no la veas venir
o partes tan fáciles como que dado el pelo suave de su
    cabecita recién nacida
o el peso dulce de su cuerpo amanecido en tu brazo
vas a querer aterrizar en él
hacer la cama y dormir
coleccionar las comisuras de sus labios
el resplandor del que cuelgan sus pelitos
pero también que dada la frustración o el desencuentro
la falla empática la flor cortada
el grito que te encuentra con tu niñez en la mañana
el niño sorprendido ante tu grito
te irás muy lejos
a ciertos caminos de dolor de la niñez
a ciertos gritos que fueron dados y se quedaron adentro tuyo
como no gritos que ahora cuajan en vos y se derraman
y son como un único quejido alargado y líquido
y que a veces te va a salir algo bien de raíz un algo árbol
que viene de tus padres o de la ausencia de la madre
y te vas a preguntar y esto de dónde viene y esto qué es cuándo
y eso nuevo es otro hijo del que nadie te habló
porque no es de carne y hueso
es un árbol
y sos vos que volvés a la raíz
tampoco es un sentimiento
es un árbol
y sos vos que volvés a la raíz
tal vez es la forma en que camina la memoria
como un animal que acecha su presa

volviendo una y otra vez sobre sus pasos
y que a ese árbol
a ese otro hijo que crece desde la raíz
y que sos vos creciendo desde la raíz
hay que atenderlo también
porque sos vos y él
con toda su posible y doble sed
y que este hijo que solo vos ves
sintomático de la sed que vos y él están sintiendo
sin saber bien de quién es la primera o la segunda sed
o cuál es la que tarda más en crecer o en llegar
y cuál de ellas se va a hacer árbol y cuál va a ser verdad
sos vos que volvés a nacer
pero en tu propia sed
y que a eso le llaman simbiosis
y por eso lo último que tenés que saber
es que la identidad es enemiga de la simbiosis
por lo que tu nombre el tuyo particular de tantos años
se irá dejando de escuchar en los cuartos
en la intimidad de las manos
y te quedará como el recuerdo
el eco entreabierto de un diptongo
tan ajeno a esa vibración que ni te nombra
un diptongo
un viaje que sí se hace
porque algo no viaja en vos cuando no se dice tu nombre
¿y si lo pronuncia él es un error el nombre de esa isla en los labios?
¿y si lo pronuncia ella es la distancia de la madre la que empieza?
por eso lo que es necesario que sepas
lo que es esencial de este manual
es que vas a tener que buscar la manera
de poder decir y escuchar tu nombre particular
repetírtelo una y otra vez

de forma que tu nombre general deje que viaje tu nombre
    particular en él
y queden así montados
resguardados del ruido de los otros
de lo doméstico que devora en lo pequeño
de forma que haya también ahí una simbiosis
y entonces ahora te hago otra vez esta pregunta:
¿respondés a los enunciados en forma particular o general?

origen de la teta como pleonasmo del amor

I - El término "teta" surge de una sensación palpable de bienestar acusativo, o "dativo" según otros entendidos; esto es, una inversión del objeto en forma "indirecta"[agréguese "curva"]. Elipsis encarnada con sencillez de la piel partiendo del esternón hasta una situación menos compleja que llamaremos "barriga media" [ésta a menudo se encuentra a la altura de las mesadas o de las piletas] y de vez en cuando –si tomamos una sola muestra- aloja el cuerpo gelatinoso y pre-social de quien pronto la tocará por primera vez dándose así "acuso" recibo del dativo "te" que de forma direc-"ta" pasa a la boca sin interrupción más que de labios, sin dientes ellos, y de una lengua severa y diminuta que aún no exige vocablos.

II- De "tate". Inversión curiosa a la que hace mención la RAE como interjección: 1)"Para denotar haber venido en conocimiento de algo en lo que no se había caído o no se había podido comprender". De no caerse antes no la podríamos levantar después; de no poderla levantar después, no la podríamos comprender, pues no se convertiría en "tate" –forma de su epifanía o revelación. De esto, dos conclusiones a no temer:

i.i La ley de gravedad es imprescindible para la gravidez
i.ii Siendo que "tate" es la vocalización de una comprensión posterior y "teta" la forma anterior de su correspondiente incomprensión, diremos que "teta" es interior a "tate" en el tiempo nervioso que hace y / o haga cualquier razonador.

2) "Hipocorístico, ca (del griego, 'acariciador') adj. Dicho de un nombre que, en forma diminutiva, abreviada o infantil, se usa como designación cariñosa, familiar o eufemística". Hipocorístico es su color: caballo musical hacia adentro corriendo hasta amarrarse al pezón; minuto simbólico antes del marrón donde se depositan los deseos dulzones del primer catador. Así, diremos que la "teta" abarca el breve lapso de indecisión entre dos labios y la forma advenediza de un primer color, y que transfórmase, por ello, en el espacio indeterminado entre tú y yo: el ser es dos. No olvidar cierta precisión que aquí antes no se discutió: su galope "hípico" que curva la rigidez original de los labios cuando ensanchan su misión; entiéndase con esto que el cariño no abrevia sino que aunque tienda al diminutivo, amplía: decir "teta" es una incongruencia pues sus dos partituras silábicas, dos, –¡imaginar sólo su doble y sucesiva articulación!- abarca la utópica extensión que va de "te" a "ta" con los montes y valles que repiten y honran el escenario infinito de su separación, pues no se debe olvidar que cada una es, además, dos. Curioso es notar la abstinencia consonántica "s" que practican los diccionarios sin vacilación.

por qué me he vuelto fanática de las series de televisión

cada vez que veo una peli
muero un poco
tengo que ir a enterrar mis huesos
o los del personaje
da lo mismo
porque mientras la miro yo soy el personaje
que acabo de conocer
o me quedo con ganas de conocer
y ya no voy a poder conocer
y hay una alienación inédita en eso
en esta inhalación del ser por el no ser
el lenguaje no lo entiende porque no ve pelis
y tampoco es personaje el lenguaje
después de ver una peli me queda un silencio
del tipo ¿y qué hago ahora yo con este muerto?
pero las series son otra cosa
la muerte va creciendo pero de a poquito
y ayuda irla despidiendo en cada episodio como en un sitio
ayer por ejemplo mi mano derecha remolcaba el aire
hacia un peñasco blanquísimo en Milos
Mi mano decía "chau" y la isla movía sus caderas
   conmovida y me decía chau
tal vez yo era los brazos que le faltaban
una extensión del personaje
que ella conoció al borde de ese peñasco
en uno de los episodios en los que yo hice *binge* pero también bailé
y sacudí tanto esos brazos que no me es posible saber
si soy la venus afirmando el cuerpo despegado de sus brazos
los mismísimos brazos despegados
o la bachata de un personaje en el instante en que quiere
   tomar de las caderas

a otro personaje pero busca otra forma del tacto porque no
   tiene brazos
y entonces deja que el viento de la isla le sople los pies
pero es tan fuerte el viento de la isla
que quisiera tener más pies para amortiguar el impacto
entonces se aleja y piensa que es posible dejar alguno de sus
   recuerdos en ese blanquísimo episodio
para que la separación se haga así más llevadera
y pueda volver a buscarlo y tomarlo otra vez de las caderas
aunque no pueda tocar los ecos espinosos de su palabra origen
porque algo le pasa al recuerdo con las series
se lo puede tocar con muchas palabras
menos con los ecos espinosos de su palabra origen
y es que algo en esos ecos o en esa palabra disipa el recuerdo
y hay alguien que desaparece
y con él la relación entre la muerte y el tiempo

Una vez el tiempo le dijo a la muerte dame más tiempo
y aparentemente la muerte lo miró estupefacta ya que no sabía
si hablaba en serio
pero ante esta encrucijada se lo dio porque ella quería ser verdad y
también porque si no sería a ella a la que le sobraría tiempo
y ella lo que quería era morir no ser esa muerta inmortal del
   poema de Vallejo
así que se lo dio y ella fue más fuerte porque fue más muerte
y él fue más lento porque fue más tiempo
por lo que queda claro que cuando hay más tiempo la
   muerte es menos
no es que no haya muertos
lo que hay es más tiempo para dejar crecer la muerte a tiempo
por lo que enterrar los huesos de cualquier personaje
será una tarea llevadera porque tendremos varios episodios
   para pensar

lo que haremos con ese muerto a tiempo
es como si uno tuviera ocho doce o hasta dieciséis ocasiones
    para preparar su duelo
¿qué te vas a poner?
¿con quién vas a estar cuando esto pase?
¿vas a comer algo después?
¿se puede comer algo después?
¿hay leche en la heladera?
¿hay agua?
¿hay pan?
el repaso de esa lista te da cierta paz
y por un momento te olvidás
de que otra vez
mañana
tus hijos no tienen lo qué desayunar

II

miedo a decir agua sin peces

What are the words you do not yet have?
A piece of you that needs to be spoken out?
(Audre Lorde)

loop

-*¿Qué hago si tengo miedo?*
-*Venís a mi cama.*
-*¿Qué hago si no puedo dormir?*
-*Venís a mi cama.*
-*¿Qué hago si me despierto en
    mi cuarto y no puedo salir?*
-*Yo voy a tu cama.*
                        (Gabriela Fleiss)

Me pesa haber tomado de tu pan
                        (César Vallejo)

-mamá, ¿cómo se dice ausencia en el idioma de los muertos?
-se dice miedo a decir agua sin peces
-mamá ¿cómo se dice miedo a decir agua sin peces?
-se dice ausencia en el idioma de los muertos
-mamá, ¿cómo se dice miedo a decir?
-no se dice
-¿ausencia en el idioma de los muertos no se dice agua sin peces?
-¿mamá entonces todo lo que se dice es sin miedo?
¿qué se hace con el miedo que no se dice mamá?
-se hace
-¿cuándo se hace?
-cuando la ausencia es mayor que los peces
cuando el miedo a decir es tan real
que no basta con no decir los peces
-mamá ¿qué pasa si lo que no tengo es mayor que lo que tengo?
-todo lo que no vas a tener va a a ser mayor que lo que tenés
-mamá me acuerdo cómo era yo ayer
¿pero cómo era mañana?
-eras cama

mano que se abría para sostenerme el mentón
espacio que se hacía en la mirada
-mamá, te pude extrañar sin que te hubieras ido
-hija, me pesa haberme ido de tu pan
-¿cómo se dice cuando el pan se queda solo mamá?
-se dice queremos
se dice queremos que no tenemos
se dice no tenemos
sin pensar en la palabra "pan"
sino en su viaje
en cómo viaja
en qué suburbio de su falta
es que salta a querernos
en cómo salta
o sube a la escasez cerrada de la boca
-¿mamá qué pasa si salto y te llamo y vos no estás?
-volvés a queremos a querernos
hacés el viaje
abrís la boca
y desatás el nudo en la garganta
-eso me da un lugar por donde empezar a caer mamá

madre

secuestra lo corrido
amenaza no irse en vos
cuenta imposible
calla
empieza el brazo con la nada
intenta la dulzura
dice no
bajo los pies que entran a correr
frena
ante la puerta no segura
después del grito no hay silencio hay mar
después del mar no hay grito hay silencio
que se hunde
como el tajo en la cara que le harán
madre
ata sus rulos a las patas de la cama
surca raya al medio
deja pelos
hace un pozo en el tajo que le hicieron
pone su carne
la alza
madre
es larga
entra en el año que da ganas
se la muerde
se la come
se la unta sobre el brazo del herido
se la prende con el cuerpo que entra al mar
se la inventa en lucecita diáfana
se la pone en cajón
se guardan sus huidas

umbral

es un mimo una desazón en el cuerpo
él escucha la ira lo que deshace el poema
abajo los tiempos pasan pero no se bifurcan
la soledad es un piso suave
es un piso suave la soledad
hay que pisarla
dejar que el pez haga frío que caiga
que entregue su dureza a las sábanas
que la lengua se amarre a su celo
y la oración que haya en el gesto se relaje
que el dolor no sea rezo sea roce
que sea roce el dolor en un piso suave
sea verso
que ate los labios con hambre
que empuje hacia arriba
con piernas
que van hacia otra parte
un olvido definitivo es otra parte
un lugar es más río es otra parte
una puerta
los hijos que entran a la madre
el pan que pasa bajo el brazo
esa paz
nada que hacer con el umbral
más que comenzarlo
colocarle en el adentro aquellos pasos

lo que soy

papá dice que soy una yegua
"sos una yegua"
y cuando lo dice parece que le crecen como verdad los labios
"me moriré sacándome yeguas" digo yo
que soy n-yeguas
papá piensa que tiene razón
"tengo razón"
lo piensa con esos huevos llegados de la rabia que lleva en sus ojos
los míos son como los de mamá
en la cédula le pusieron "tez trigueña" y la que se armó
mamá parece que fue otra yegua
"era una yegua" dice
papá dice que si soy menos yegua es porque quiero algo
y la verdad es que es cierto
siempre que quiero algo me saco una yegua
espero que cuando sea vieja se me acaben las yeguas
pero las imagino volviendo
y a mí estirando las manos llenas de pasto

un hombre y una mujer se visitan en mi cumpleaños

quien me quiere y me odia me es cercano
me quiere y me odia al mismo tiempo
su odio y su amor me son ajenos
no dependen de mí son del recuerdo

quien me quiere y me odia se levanta a veces sin acontecimientos
entonces me quiere
antes de verse con ella detrás de una mesa
donde el vino es bueno al principio y después cae al suelo

quien me quiere y me odia no me dice ni cuándo me quiere
   ni cuándo me odia
pero yo lo veo
y qué episodio triste es verlo levantar el vino cuando cae al suelo

él la mira furioso -importa la insensatez que heredó de mi abuelo
Ella hace cuarenta meses   dos niños
los beatles [para rafa]   una noche entera y se va

quien me quiere y me odia la sigue viendo
"sos idéntica a tu madre" me dice queriéndome odiándome
"no la recuerdo" digo yo
porque es seis y es setiembre y es doble el vientre al descontento
"feliz cumpleaños" dice sonriendo
importa lo que el vino en la boca hace con el vino en el suelo.
"de regalo te traigo este buen recuerdo"

quien me quiere y me odia no sabe que el afecto es heredero
y cuando recuerdo a quien me quiere y me odia
lo quiero y lo odio depende el momento

la mano

no sabía dónde colocar la mano del padre
si en el baúl del auto o dejarla achicharrarse en el jardín
gozando la insolación de la palma
su violencia inútil de fiera boca arriba
su carnalidad
de fiambre
su equivocación
la calma
y ensayaba las formas en que arrastraría su voz
como el más largo y gordo de sus dedos
hasta el medio del jardín
atándola a la mansedumbre a la que la había atado ella en la
    infancia
haciéndola dar vueltas y más vueltas
bajo el sol y su arena vigilante
era eso lo que hubiera querido para ella
pero ella era un remolino
que la llevaba hacia abajo
un pez sin trote
golpeando el paisaje contra el suelo
no sé bien qué la paró quién la paró
si fue la mano del padre
achicharrándose
o la del hijo que la dejaba en la mesa
tal vez fue
decir
porque sí

no

lo que quedó

no lo pudimos rescatar porque en su cuerpo quedaron pedacitos
que todavía se podían olvidar
y había que andar en puntitas para no pisarlos
así que construimos un dique

de sus murallas huyeron pensamientos
que son
objetos pudientes en los ojos del mar
agarrados a un jinete que falta
en el cuello de un caballo
al que no se le ve el pasto
pero sí las palabras

entonces ¿qué?
¿hay contención?
¿hay desencuentro?
¿hay arena que flota
en los ojos de un mar
con palabras que son la versión duplicada de un dique?

el golpe

mi padre llega desde el balcón
viene de una palabra que expulsamos
nos deja su voz que se derrama
y este líquido partiendo en dos la mesa

¿El deseo de una ausencia
se asemeja a la voluntad de lo que no tenemos?
¿cuántas manos deben asistir
a la caricia para repartirla?
¿qué parte de la mesa soporta el golpe
que volteó al niño en el parque?
¿qué queda atrapado en el alambre?
¿en qué parque fue
en qué padre?

el grito

yo no puedo pedirle los pasos a esta voz
al grito cuyo padre no me reconoce
tampoco puedo pedirle al padre
que adentro del amor que no tiene
tome mi mano
y la ponga en su regazo
ni pedirle a mi voz
que cuente las palabras venideras
y las cambie por las que no vendrán
en el grito que sí recuerdo
que sí me reconoce
porque para hacerlo
tendría que expulsar al padre
y sin el padre
no estaría yo
aunque sí cierta calma

tiburón

y tiburón
era el padre al que nos subíamos
para tocar el murmullo de las rocas
una palabra que nos llamaba desde el fondo
un remo que el niño iba a buscar
el bote en que la niña lo esperaba
mientras decidía si saltar o llorar
porque llorar era estar lejos del hermano
pero saltar saltar era

hundirse en el fondo de ese bote
y desenterrar a la madre

y tiburón
era alejarnos del incendio de las sábanas
ese cigarrillo chispeante en el colchón
como una niebla que nos venía a buscar
la ceniza era la madre que dormía
esa aleta que se alejaba de nosotros
larva flotando

y tiburón
era mostrar lo que faltaba
y esperar
pura carnada
a que algo nos mordiera en un gesto de amor
a que alguien nos pescara y nos mordiera en un brusco gesto
   desolado

desde la comprensión

con un cinto
desde la comprensión
con un cinto
con perdón
de la piel
ese cinto
precipita
las palabras no calman lo de tu boca quemada
hermosura de su voz me maldice
necia sos la mañana en la playa donde
tu hijo come arena
necia
que tu hijo es comido por la arena
necia
mientras que la sal y el azúcar y el sol
que es azúcar salada en tu boca quemada
las manos de tu hijo no entienden nada
mientras vos te achicás agrandando las celdas de la infancia
mientras
tu hijo se mete debajo de la mesa
como si pudiera crecer debajo de la mesa
con un cinto
nos cagaba a golpes con un cinto
no perdona ese cinto
es más delgado desde la comprensión
¿es así Bruno?
tu mirada de hermano tardío en la mesa con Adriana
y yo tomando mate
el hijo entre las piernas
las piernas de mamá eran tan bellas
la cavidad la cueva esas curvas

como líneas de una foto en la playa
las olas bañándome las piernas debajo de la mesa
hay arena
necia
arriba de las piernas hay arena
hay un cinto
hay cadera muy blanda como es natural después de tantos partos
palos son los que nos daba mamá
dijo Bruno desde la comprensión
palos

lo que pasa es que ser madre no es la palabra madre

naciste en la contractura de la crueldad
las palabras son regalos que no(s) son dados
contra la contractura de la crueldad
puertas que se abren
y dejan pasar los aires buenos
rescue de liminal door del me
el infinito es un verbo cuando lo despertás
se sacude y golpea los armarios los ar/er/ir
hace minúsculos fríos en el vientre
los hace ir
por el ruido
que organiza la caída
en el hueco
hacia el remolino
lo que pasa es que ser madre no es la palabra madre
ni la textura de su desorden su e d a m (a) r
si hay mar
es
devolver los pantalones a sus huesos
al mar que rema su paisaje
es
el asidero donde los niños se conocen
sacan a pasear los peces de su sangre
los dejan crepitando en las fogatas
es
la interlocución del pliegue en la garganta
la parte de la lengua en su rincón
son
las esquinas de su rojo
el lugar donde las madres se endurecen
y salen a pescar el llanto de sus hijos

secuencia de la madre en la voz

1
mi voz es el pozo donde se tiran las madres
ellas caen arriba de sus hijos
piel aplastada el agua

2

entablar los pasos
mover la madre cuando la carne
humeante
trepa
clava su hombro en lo alto
deja caer los pies sobre la tierra

3

desenrollar los huesos
destapar al agujero
subirnos a la piel
dejar las uñas
tirantes sobre esa tierra

4

sumergir una pierna en su orina
con la otra abrir el mar

V

dejar el calor amontonando
una luz que no cese

llegue y baje a su otredad
se empuñe en la mano
cuando el tiempo se monte a la pared
reciba una manta

llegar

las almohadas estaban correctas en la cama de su hijo corría
el aire y las palabras la echaban de su boca el sueño perdía
sus lamentos eran sudores bajando hasta el ombligo
doblándole las ganas a quien no sabe qué es menos cuando
se tapa la cara la levanta y el pañuelo en que se sienta ya no
puede ni entornarle la boca naufraga dentro de sus sábanas
unas gotitas caen desde el techo de estrellas luminosas son
ojos rodando por el cuarto son peces esparcidos por la tierra
de cuando en cuando entra a un largo pasillo y llega a las
palabras

adentro de la luz

a Celan y al pelo que pesa en
sus poemas

ella sabe que adentro de la luz hay un poema
de un padre en el que reside la tristeza
y el galope de una niña que escapa de su mano

un ser despojado de sus dones ella es
cuando el silencio pesa más que el duelo
cuando el pelo pesa más que el cuerpo
cuando la luz es lo que pesa más

¿cómo vivir?
cuando la vida es una mano llena de pelos arrancados
ese pulgar como un purgar
el nervio dolido en la raíz
el origen de una violencia que augura su filo
el pelo es esa otra muerte que nos respira
y nos corta los pies
es ese pedazo de vidrio que nadie ve caer

43

ser Paul Celan

¿qué se llama cuanto heriza nos?
(César Vallejo)

ser Paul Celan
sobrevivir el diluvio de la madre
su cintura rodeada de silencios
sus dedos como velas apagándose

una vez mi hija se subió a mi silencio
tan chiquito era su cuerpo que el silencio era más grande
una vez mi silencio la puso en el lomo y la sacó a pasear
solo para escuchar cómo se abría y se cerraba su corazón
como un acordeón cuando lo erizan

pero era cómoda esa línea de calor
y daba vértigo esa distancia
que hacía más alto y líquido al día

afuera se alejaban con sus velas alzadas las palabras
y mi hija se quedó en la cima del silencio
era la punta de un iceberg
y yo lo que se hundía

discusión sobre el peso del pelo en los poemas de Celan

i. símil
-pesa como cien gatos sobre el pretil de una ventana a punto
de derrumbarse

-como la sonrisa de la hija que piensa que se va de paseo no
que se va de su casa; pesa ese malentendido en la boca

-pero ya los gatos maúllan en la casa derrumbada

-el tiempo lo cura todo menos una boca equivocada; pesa lo
que no cura el tiempo

-¿más que dos terremotos en setiembre?, ¿más que el
"silencio silencio" de los rescatistas? "es una persona no es
un gato" dicen emocionados y los gatos se erizan porque
entienden

ii. proporciones
-el peso del pelo en los poemas de Celan es proporcional al
peso del delator en el diario de Ana Frank
-un rulo que trafica con la muerte en un poema de Celan es
proporcional al delator que traficó la muerte de la familia Frank
-los monos sin madre en los experimentos de Harlow son
proporcionales al olor de la leche negra de *Deutschland* en
el poema de Celan
(solo que los monos de Harlow padecen de esperanza y los
poemas no)
-el pelo que hace camperas para los frentes de batalla en el *Lager*
no es proporcional al pelo que le falta a los prisioneros en
ese mismo *Lager*
-los niños que cuidó Freddy Hirsch y tenían pelo en ese

45

Lager no son proporcionales a los prisioneros que no cuidó
Freddy Hirsch y no tenían pelo ni esperanza en ese mismo *Lager*
-yo soy más parecida a vos que desapareciste en Auschwitz
que al efecto de lo desaparecido en el testimonio del testigo

-la sed de los peces en este poema es inversamente
proporcional a la sed de este poema por los peces

sesión de las 4:20: [el] accidente

i-preámbulos

no la sueltes, ¿no ves que toda ella es un accidente?
un pecado casual vino a juntarles las manos
                    ¡júntenlas!
            que ya el teclado no dice nada original ....
ella lo entendió muy bien por ¿el? accidente
(casualidad o determinación:
del artículo depende la naturaleza de esta confesión)
el cuerpo es un razonamiento –aquello del brazo que
    dispone la mano
de quien piensa
"dos gotas más en los ojos de papá para recibir a mamá"
y se quiebra

> *los ojos que pasan por mi corazón no paran*
> *ni paran los ojos que pasan por su corazón*

> *la mano en la cocina*
> *el lavarropas funcionando en la otra esquina*
> *y acá todo es lavavajillas*

> *¡funcional es el goce de las rimas!:*

> *excepción: la luz asonante en el ropero*
> *donde las lámparas me dan miedo*

–comprensión mayor: las lámparas le dan miedo es una
    comprensión menor:
el otro día no entendió nada
en el diván /allá donde nadie es original

dolor ya articulado es el paciente
su nombre repetido es otras veces
hora con que decir lo que no es HOY

ii- la discusión

-resulta interesante repasar la situación original del **accidente**:

¿juntaron las manos por casualidad o determinación?

si juntaron las manos por [ ] accidente
ignorando la presencia del artículo ausente
diremos que vuestra relación es causa semántico-excluyente
pues si todo acto del azar supone un **accidente**
modificará asimismo el uso y la naturaleza de éste:
el término presente será alterado así por el artículo ausente
en cambio si juntaron las manos por **el** accidente
diremos que vuestra relación es consecuencia gramático-
     dependiente

iii-Conclusiones finales de la sesión presente

1. el dolor y el no dolor son estados variables según su sucesión y NO
     hechos que nos suceden
2. las relaciones son a veces artículo-dependientes
3. los artículos no son siempre independientes, a veces aparecen
     en duplas
que los entorpecen   por ejemplo
                              un pañuelo
¿cuál de los dos artículos es el verdadero?
¿cuál el que se repite y yo no suelto?

reposar

el nombre no es mío es de ella en el fondo de su pie se agita
el afuera y la familia que ella es dentro del aire oloroso
piedra con piedra en la claridad del nosotros es pozo que
toca su pérdida es niña que pasa en rincón que no sale es
mujer que gana por herida es aire blandiendo lo sentido lo
que no gravita es la cena es los hechos es el dedo que pone
su mañana es la espalda en que ella corre es lo que la tumba.
Juntar los cuerpos con lo grave. Reposar.

la madre de mi padre tiene un buque en la boca

-decile que te cambie los zapatos que no son tu talle
-¿y si me dice que no?
-le decís que no importa que te los tiene que cambiar
-¿y si me dice que mi talle no hay?
-le decís el otro día estuve acá con Bélbel
y nos dijeron que se podían cambiar
-¿pero cómo le pido que me cambie el talle si talle no hay?
-igual que le pidieron a dios el maná
-le pedís que te cambie los zapatos que si no los pies se te
    van a hinchar
un juanete es como un edificio público
tus dedos tienen que respirar
mirá yo te explico
entrás saludás hola buen día señor Katán
con la mano derecha si no va a pensar que sos bolche y no te los da
lo mirás le preguntás por la madre
y ahí le mostrás tus juanetes
para que vea cómo se te metieron cuarenta años en los pies
como si vos misma te hubieras escapado de Egipto
-pero yo me escapé del shtetl Méjel
-ay *mome maine* es que no entendés
pensá en los cientos de inmigrantes que llegaron contigo en
    el buque
¿Zevie vos te acordás verdad?
-¿vos me decís que ponga el dolor de los inmigrantes en los pies?
-sí, en esos dos juanetes que tenés
para que vea que así no podés
-¿y si no se da cuenta?
-se los volvés a mostrar te subís al buque y volvés otra vez
-¿puedo traer a los que se quedaron?
-ay ¿no entendés? los que se quedaron ya no pueden venir

-está bien entiendo entonces le digo así:
hola buenas tardes vengo sola de shtetl con mis dos juanetes
el buque acaba de llegar tengo hambre hace meses que tengo
   hambre
y quiero comer

III

eran pájaros

no a lo Vermeer

me abrías
¿te acordás?
como si fuera naturaleza muerta
una cebolla en la mesa
un haz de luz que ya la corta
como se cortan las sombras del paisaje
te portabas
¿te acordás?
tenue detrás de mi boca
y su grueso chorro de silencios
no a lo Vermeer
porque entonces la luz
se habría zanjado en la pulpa
y habríamos pensado que ahí debía quedarse
reclusa de su hambre
pero el hambre aleteaba entre nosotros
no a la altura de la mesa
donde el pan era un perfil entre los cuerpos
sino abajo más abajo
donde nos veo
alzar los tobillos a un nido de vocales
que no van a ningún lado
tampoco al ruido
¿si me lamo esta luz prestada
te oscurezco?
¿si te oscurezco
es porque me lamo esta luz prestada?
¿qué es lo que pasa debajo de la mesa
lo que viaja la migaja que guardamos para cuándo?
si hoy no somos más que pájaros
y nuestros picos nos punzan la piel para algo

¿qué es lo que nuestras alas levantan?
¿por qué lo ponen en la mesa
desordenan su pobreza?
si hoy no somos más que pájaros
y hacemos viento en la piel
para que los dedos sepan cuándo correr

bliss

la felicidad abre el pico del pájaro
la ves pasar con el entusiasmo del conejo
que no quiere ser visto
es que no lo ves a él
lo que ves son sus dos patas delanteras pidiendo al aire una dulzura
la ves caer
donde antes las palabras iban a caerse como platos
la reconocés
no en el pico abierto de un pájaro
sino en tu boca
por la que entran el pico abierto del pájaro
los platos
y las manos
que no pudieron atajarlos

alguna caliente claridad

al principio de la nitidez se tiene miedo
de no saber qué hacer ahora en la ensalada
nuestra propia sombra asándose en ese mediodía
de conejos silenciados
toda nitidez tiene su lugar en una boca haciéndose
asarte que abre tu intención de no saber clarear
sombra a la que no le decís nada por su piel de conejo
esta noche no es más tarde
si es que tanta nitidez permite
alguna caliente claridad

                     lo dicho entonces
                       -cocinémonos al alba

dos poéticas

-debes quedarte observando el objeto llana y ferozmente
por ejemplo
observar la cebolla hasta la cutícula de su catáfila
hasta ese perro donde ya no se ladra
y esperar
a que pase un hombre y no le falte a otro hombre
y anticipar
que se besarán los hombros estos hombres
y despedirán
desde la prisa de su árbol
un ladrido en la piel que los enrama
y cuando tus ojos comiencen a buscarlos
y si una piedra los mueve todavía
empezar a comer sus oraciones
un cuchillo como una inclinación
un ángulo que disperse la raíz
como lo hace la soledad sobre las formas
una forma de estar inclinado es un abismo
por ejemplo la parte de la noche es su pesadilla
por ejemplo las tardes son un ejemplo de lo que no
se debe decir en un poema sobre la tarde

-yo digo que no hay lenguaje en soledad
que las palabras no están en tu boca
hay que sacarlas de otros y esperar
sujetarse al cuello por donde pasa su hermosura
y en el medio de una sílaba sentarse y olvidar
la palabra
el cuello
el país natal
esto no suena bien decirse

sentado en la línea que cruza la lengua
olvidar la lengua
sentado en la lengua que surca la línea
arar la línea
escuchar lo partido en cada sílaba
echarse en esa herida
¿quién se parece
a tu palabra cuando la lame su mitad?
entre sílaba y sílaba
entre lo asido y lo dejado
un pájaro
un pico que comienza
a no poder hablar
un olvidar a medias
un alzarse porque hay que caminar
un alzarse si hay que caminar

the art of loving (solo el comienzo)

-agarralo
para que no suelte lo que responde al nudo
explicale
que adentro hay una salida más profunda y no tiene preguntas

-no creo que pueda por lo que intuyo atado a su respuesta

-sí que podés
porque vos sabés que para esto
el cuerpo nunca empieza

-¿es posible atar el labio
a alguna confusión?

-mejor dejarlo suelto
cerca de lo que sabe
para que lo articule en otra piel
por lo que nunca vas a saber lo que tu labio sabe salvo que el otro
    te lo diga
con su labio en tu piel
y él tampoco va a saber si te lo dijo bien
con todo lo que pusiste vos
todo lo que se pone en la piel viene de otra piel
donde hay sepultadas huellas
que no reclaman su herencia
todo lo que saben los labios es vago e inexacto
pertenece a lo mojado

por eso hay que agarrarlos en algún lugar
aunque no sepamos bien cuál de ellos puso ese lugar

el ala de un pájaro prolongado

por eso los quiero cerca
tus pájaros
visitando el rumor
de mi mirada
y lo que la sostiene
para anidarse en la apertura de tu boca
esa reja por la que empiezo
a derramarme el propio cuerpo
tan finísima me he vuelto
en este aire de senos
que pasan por el pan y su equipaje
hasta el hervor en la yema de los dedos
que si paso es solo porque alguien me tiende
el brazo para columpiarme en el borde
más alto del deseo
y entonces te miro
para no caerme de ti
huyo de ti y te miro
para no caerme de mí
huyo de mí y te miro desde el modo en que nace mi mirada
deseosa porque por esta reja
hago pasar
el ala de un pájaro prolongado en la piel
y este cuarto prolongado en el pájaro
me hago pasar en palabras que aún no pasan
y no sé qué esperar
cuando pasen
y me hagan pasar
y las haga

puntas básicas

en el amor hay puntas básicas
hay puntas posibles
y no hay puntas
hay por ejemplo la pierna que se ve por primera vez
así como hay los ojos que la ven moverse por primera vez
hay puertas que se cierran
porque las queremos abrir
y hay un abrir posible en ciertas puertas
hay las manos aprendiendo el roce de los cuerpos
y hay respuestas rotas en el cuerpo
hay una cierta militancia de las puntas
y hay no puntas
pesadas como puertas
hay un centro del amor
y hay una separación en ese centro
hay los pájaros idos
los nudos
calientes en sus nidos
también el frío
todo lo que espera el amor es un tiempo para crecer y anidar
como cuando decís mi nombre y el cuerpo se pone filoso en
    las puntas
y me abro en las puertas
 y hago varios recorridos hasta llegar a vos
a tu voz
a su pregunta
en un agua salada yo tocaba tu punta
una persona y otra

no son sus puntas
ni sus puertas
son la quietud y el movimiento
del agua en la única flor
erecta en la mesa

índice

Semblanza

Silvia Goldman es poeta, docente e investigadora. Piensa en el poema como una situación de lenguaje donde todo puede suceder y en lo poético como lo impredecible del lenguaje. Trabaja las palabras de modo que se muevan, se desplacen y en ocasiones se anclen; el poema como un desplazamiento sonoro, una suerte de viaje y de transformación donde sentido y sonido ejecutan danzas y contradanzas, encuentros y despedidas que exploran el dolor, la herencia familiar, el hogar, la niñez, la identidad y el amor.

Poemas y artículos académicos suyos han sido publicados en revistas literarias de Latinoamérica, Estados Unidos y Europa. Ha participado en las antologías de Chicago *Susurros para disipar las sombras* (Erato 2102), *Rapsodia de los sentidos* (Erato 2013), *Ciudad 100* (Erato 2014) y *Cantología* (Pandora Lobo Estepario 2013), así como en el libro *Poeta en Nueva York: Poetas de tierra y luna* (Karima editores 2018). En el 2008 publicó su primer libro de poemas titulado *Cinco movimientos del llanto* (Ediciones de Hermes Criollo). En el 2016, la editorial Cardboardhouse Press publicó *No-one Rises Indifferent to Sorrow*, una selección de los poemas contenidos en la primera sección de dicho libro y traducidos al inglés por Charlotte Whittle. *De los peces la sed* es su segundo poemario. Asimismo, prepara la publicación de un libro sobre poesía latinoamericana contemporánea titulado *Escrituras negligentes: cinco reflexiones sobre poesía latinoamericana de la posdictadura*. Es doctora en Estudios hispánicos por la Universidad de Brown y enseña en la universidad de DePaul.

Título: de los peces la sed
Autor: Silvia Goldman
Diseño de portada: Oriette D'angelo.
Imagen en la portada. Ana María Pérez
Editor: Miguel López Lemus (Pandora Lobo Estepario)

EDITORIAL

Pandora Lobo Estepario Productions™

http://www.loboestepario.com/press

Chicago/Oaxaca

2018

www.ingramcontent.com/pod-product-compliance
Lightning Source LLC
Chambersburg PA
CBHW032007060426
42449CB00032B/1071